Mark Rothko

La Emoción de los Colores

Charlotte Jane Fontaine

Tabla de Contenido:

Introducción

El arte es un lenguaje universal que trasciende las barreras del tiempo, la cultura y la comprensión racional. Es capaz de comunicar emociones, ideas y experiencias de una manera única, invitándonos a explorar las profundidades de nuestra humanidad. Entre los artistas que dominaron el arte de la expresión emocional a través del color y la forma, Mark Rothko ocupa un lugar especial. Sus obras, inmensos lienzos de colores vibrantes y formas simples, son portales hacia una experiencia artística profunda y cautivadora.

Nos aventuramos en el fascinante mundo de Mark Rothko, un artista cuya vida y obra han cautivado la imaginación de generaciones de amantes del arte. Este libro, "Mark Rothko: La Emoción de los Colores," te lleva en un viaje a través de las raíces de su creatividad, su filosofía artística única, su innovador uso del color, su proceso creativo meditativo y su duradero impacto en el mundo del arte.

En el primer capítulo, exploraremos las raíces de la creatividad de Rothko, sumergiéndonos en su infancia y sus primeras influencias artísticas que moldearon su trayectoria artística. Descubriremos cómo pasó de ser un joven artista en busca de identidad a convertirse en uno de los nombres más icónicos del expresionismo abstracto.

El segundo capítulo nos sumergirá en la profunda filosofía artística de Rothko. Creía que el arte tenía el poder de expresar emociones humanas profundas y que podía ser un medio para trascender la realidad cotidiana y alcanzar niveles más profundos de significado. También exploraremos la espiritualidad que sustentaba su obra.

El tercer capítulo se centrará en la distintiva paleta de Rothko. Los colores eran su principal medio de comunicación, y examinaremos cómo utilizó el color para evocar emociones, crear armonías visuales y capturar la atención de su audiencia.

El cuarto capítulo nos llevará a través del proceso creativo de Rothko, revelando cómo meditaba sobre sus lienzos y cómo creaba series icónicas que dejaron una huella imborrable en la historia del arte.

Finalmente, en el quinto capítulo, exploraremos el duradero legado e influencia de Mark Rothko en el arte contemporáneo, examinando cómo su trabajo continúa inspirando a nuevos artistas y cautivando a amantes del arte de todo el mundo.

Mark Rothko fue un artista que dio voz a la emoción a través del color, y este libro tiene como objetivo honrar su destacada contribución al arte y invitarte a sumergirte en su cautivador mundo de emociones en color. Acompáñanos en este fascinante viaje a través de la vida y obra de un maestro del arte abstracto, y descubre cómo logró capturar la esencia de la emoción humana en lienzo.

Capítulo 1: Las Raíces de la Creatividad

Infancia y Orígenes de Mark Rothko

Para comprender la creatividad de Mark Rothko, es esencial adentrarnos en su pasado, en las raíces que moldearon su trayectoria artística. Mark Rothko, cuyo nombre real era Markus Yakovlevich Rothkowitz, nació el 25 de septiembre de 1903 en Dvinsk, que en ese entonces se encontraba en Rusia (hoy en día Daugavpils, Letonia). Fue el cuarto hijo de una familia judía, y su nombre de nacimiento revela sus orígenes.

La infancia de Rothko estuvo marcada por desafíos significativos. Su familia emigró a los Estados Unidos en 1913 para escapar de los pogromos y la persecución antisemita en Rusia. Se establecieron en el barrio judío de Portland, Oregón. Fue allí donde Rothko creció y donde comenzó a desarrollar su interés por el arte.

Influencias Artísticas Tempranas

Rothko mostró un interés temprano por el arte, y su madre, quien tenía aspiraciones artísticas, lo alentó en esta dirección. A la edad de diez años, comenzó a tomar clases de dibujo en el Centro Judío, donde aprendió los fundamentos de la pintura y el dibujo. Sus primeros trabajos eran principalmente retratos y paisajes, reflejando su interés en explorar las emociones humanas a través del arte.

En 1921, Rothko se dirigió a la Universidad de Yale, donde estudió psicología, pero su deseo de convertirse en artista nunca lo abandonó. Después de abandonar sus estudios en Yale, se trasladó a Nueva York en 1925 para seguir su pasión artística. En Nueva York, estudió en la New School for Design, donde fue influenciado por artistas modernistas como Milton Avery, Arshile Gorky y Max Weber.

Primeras Obras y Evoluciones Artísticas

Las primeras obras de Rothko estuvieron fuertemente influenciadas por los movimientos artísticos de la época, incluyendo el cubismo, el surrealismo y el fauvismo. Sus pinturas de este período a menudo eran figurativas, con temas como bodegones y escenas urbanas. Sin embargo, no tardó en destacarse al desarrollar su propio estilo distintivo.

Con el tiempo, Rothko evolucionó hacia una abstracción más pronunciada. Sus obras comenzaron a presentar formas geométricas simplificadas, composiciones depuradas y un uso audaz del color. Sus influencias pasaron de artistas figurativos a expresionistas abstractos como Jackson Pollock y Willem de Kooning.

La evolución de Rothko hacia la abstracción se caracterizó por una búsqueda constante de significado y expresión emocional. Sus primeras obras figurativas tenían una calidad emocional sutil, pero su transición a la abstracción le permitió liberar el potencial emocional del color puro.

En resumen, el capítulo sobre las raíces de la creatividad de Mark Rothko revela a un artista cuya infancia marcada por desafíos, influencias artísticas tempranas y evolución de su estilo contribuyeron a moldear su trayectoria artística única. Su transición hacia la abstracción allanó el camino para una exploración más profunda de las emociones humanas a través del color, una característica que se convertiría en emblemática de su trabajo posterior.

Capítulo 2: La Filosofía Artística de Rothko

El arte como expresión emocional

Mark Rothko creía profundamente en el arte como medio para expresar emociones humanas auténticas. Para él, la creación artística era una búsqueda para dar forma a experiencias emocionales intensas y universales. Esta creencia fundamental fue el hilo conductor de su carrera artística.

Rothko pensaba que el arte debía trascender la simple representación de la realidad externa. Aspiraba a capturar la esencia de la experiencia humana, las emociones que residen en lo más profundo de cada individuo. Sus obras eran ventanas hacia la interioridad humana, portales hacia emociones universales que todos podían sentir y comprender.

La búsqueda de significado en la abstracción

Una de las características más notables de la obra de Rothko es su compromiso con la abstracción. Mientras que el arte abstracto a menudo es criticado por su aparente falta de significado, Rothko creía que la abstracción podía ser el medio más poderoso para comunicar emociones profundas. Sus cuadros, compuestos por campos de colores vibrantes y formas simples, estaban diseñados para suscitar respuestas emocionales en los espectadores.

Rothko desarrolló su propia versión de la abstracción, a la que llamó "expresionismo abstracto". Creía que sus lienzos podían evocar una amplia gama de emociones, desde la melancolía hasta la alegría, desde la contemplación hasta la meditación. Cada lienzo era una exploración de la significación de la vida y la condición humana, y invitaba a los espectadores a reflexionar sobre estas cuestiones mientras se encontraban frente a sus creaciones.

La espiritualidad en el arte

La espiritualidad fue un elemento central de la filosofía artística de Rothko. Creía que el arte podía ser una experiencia casi religiosa, capaz de trascender lo material para tocar el alma. Sus cuadros estaban diseñados para crear un espacio de contemplación, un lugar donde los espectadores podían conectarse con su propia espiritualidad interior.

Rothko llegó incluso a describir sus obras como "capillas" o "puertas" hacia una dimensión espiritual. Aspiraba a que sus cuadros fueran más allá de la mera estética para convertirse en vehículos de trascendencia, permitiendo a los espectadores conectar con algo más grande que ellos mismos.

En conclusión, el capítulo sobre la filosofía artística de Mark Rothko revela a un artista profundamente comprometido con la expresión emocional a través del arte. Su búsqueda de significado en la abstracción y su creencia en la espiritualidad en el arte dejaron una huella indeleble en su obra, convirtiéndolo en uno de los artistas más influyentes y emocionales del siglo XX.

Capítulo 3: La Paleta de Rothko

Exploración del Uso del Color en su Obra

Mark Rothko fue un maestro del color, y su audaz e innovador uso de la paleta cromática es una de las características más distintivas de su obra. Para Rothko, el color no era simplemente un elemento estético, sino un medio de expresión emocional profunda.

Rothko creía que cada color tenía su propio significado y emoción. Utilizó una amplia gama de colores, desde tonos cálidos y vibrantes hasta tonalidades más oscuras y profundas. Cada una de sus obras fue cuidadosamente diseñada para evocar respuestas emocionales específicas en los espectadores. Por ejemplo, creía que el rojo podía evocar la pasión, el amor o la ira, mientras que el azul podía representar la meditación, la contemplación o la tranquilidad.

Evolución de las Paletas Cromáticas a lo Largo de su Carrera

El uso del color por parte de Rothko evolucionó a lo largo de su carrera. Sus primeras obras a menudo eran más brillantes y contrastadas, reflejando su interés en el fauvismo y otros movimientos artísticos de la época. Sin embargo, a medida que maduraba su filosofía artística, sus paletas cromáticas se volvían más matizadas y sutiles.

Durante la transición al expresionismo abstracto, Rothko comenzó a explorar colores más suaves y naturales, como los marrones y los verdes. Sin embargo, finalmente optó por composiciones dominadas por colores primarios y profundas tonalidades de negro y gris. Estos lienzos, a menudo llamados "los multiformes", están entre los más emblemáticos de su obra.

Impacto Emocional de los Colores en las Pinturas de Rothko

El impacto emocional de los colores en las pinturas de Rothko es innegable. Sus lienzos pueden evocar una amplia gama de emociones, desde la alegría hasta la tristeza, desde la serenidad hasta la angustia. Los campos de color interminables en sus obras invitan a los espectadores a sumergirse en una experiencia sensorial profunda.

Rothko describió su obra como un intento de crear un espacio emocional. Creía que sus lienzos podían actuar como espejos del alma, reflejando las emociones de quienes los contemplaban. Los colores que utilizaba, así como la forma en que los combinaba, tenían el poder de crear armonías visuales que tocaban el corazón y la mente.

En conclusión, el capítulo sobre la paleta de Mark Rothko revela la importancia central del color en su obra artística. Su audaz exploración de los colores y su evolución a lo largo de su carrera contribuyeron a convertirlo en uno de los artistas más influyentes del siglo XX, capaz de crear una profunda resonancia emocional a través de sus lienzos coloridos.

Capítulo 4: El Proceso Creativo

Métodos de Trabajo de Rothko

El proceso creativo de Mark Rothko era profundamente reflexivo y meticuloso. Creía en la necesidad de una preparación mental y emocional antes de crear una obra de arte. Una de sus citas más famosas refleja esta aproximación: "Comienzo sin tener nada en mente, ningún plan, ninguna intención, ninguna imagen preconcebida, solo una receptividad pura."

Rothko a menudo preparaba sus lienzos con varias capas de pintura, creando una superficie rica en textura. También usaba pigmentos y medios de manera que los colores parecieran casi emitir su propia luz. Esta aproximación creaba lienzos que parecían vibrar con una energía interna, intensificando el impacto emocional de sus obras.

La Importancia de la Meditación en su Creación Artística

La meditación desempeñaba un papel esencial en el proceso creativo de Rothko. Creía que la meditación podía ayudar a conectar a un nivel más profundo de conciencia, accediendo a emociones e ideas profundamente arraigadas. Para él, la creación artística era una forma de meditación en sí misma.

Rothko pasaba largas horas meditando frente a sus lienzos, contemplándolos en silencio. Quería crear espacios de contemplación para los espectadores, lugares donde pudieran reflexionar sobre la vida, la muerte, el alma humana y la espiritualidad. Sus obras estaban diseñadas para crear momentos de pausa en un mundo agitado, fomentando la reflexión y la meditación.

Las Series Emblemáticas: "Los Multiformes" y "Las Capillas"

Mark Rothko es quizás más conocido por sus series emblemáticas de lienzos. Entre las más destacadas se encuentran "Los Multiformes" y "Las Capillas".

"Los Multiformes" eran una serie de pinturas abstractas creadas por Rothko en la década de 1940.

Se caracterizaban por formas geométricas simplificadas y colores vibrantes. Estas obras representaron un paso importante en la evolución de Rothko hacia el expresionismo abstracto.

"Las Capillas", por otro lado, fueron una serie de grandes lienzos creados en las décadas de 1950 y 1960. Estas obras estaban destinadas a colgarse en espacios especialmente diseñados para la meditación, creando una experiencia inmersiva para los espectadores. Rothko consideraba estas obras como las más importantes, afirmando que representaban la cúspide de su búsqueda artística y espiritual.

En conclusión, el capítulo sobre el proceso creativo de Mark Rothko revela a un artista profundamente comprometido en una exploración minuciosa del color y la emoción. Su uso de la meditación y sus series emblemáticas muestran cómo buscó crear obras que trascendieran la mera estética para convertirse en portales hacia una experiencia artística y espiritual más profunda para los espectadores.

Capítulo 5: Legado e Influencia

La influencia de Rothko en el arte contemporáneo

Mark Rothko dejó un legado artístico profundamente influyente que sigue dejando su huella en el arte contemporáneo. Su exploración de la emoción a través del color y la abstracción abrió nuevos caminos para muchos artistas. Sus obras se han convertido en puntos de referencia indispensables para aquellos que buscan comprender el poder emocional del arte.

Una de las formas en que Rothko influyó en el arte contemporáneo es desafiando las convenciones artísticas establecidas. Demostró que el arte podía ser poderoso sin ser figurativo, que podía comunicar emociones profundas sin recurrir a una representación realista. Esta cuestionamiento de las normas abrió la puerta al arte abstracto contemporáneo y a otros movimientos artísticos experimentales.

Examen de los artistas influenciados por su obra

Numerosos artistas contemporáneos se vieron influenciados por el trabajo de Rothko. Entre ellos se encuentran destacadas figuras del arte abstracto, el expresionismo abstracto y el minimalismo. Artistas como Barnett Newman, Clyfford Still y Adolph Gottlieb estuvieron en estrecho contacto con Rothko y compartieron sus preocupaciones estéticas y filosóficas.

El minimalismo, en particular, se vio influenciado por la aproximación de Rothko al color y la forma. Artistas como Donald Judd y Dan Flavin utilizaron elementos similares de abstracción y meditación en su propia obra. Rothko demostró cómo el color podía ser un elemento central de la experiencia artística, incluso en su simplicidad.

El papel de Rothko en la historia del arte

El papel de Mark Rothko en la historia del arte es innegable. Contribuyó a transformar la forma en que percibimos el arte abstracto y abrió nuevas perspectivas sobre la expresión emocional a través del color. Su legado se basa en la convicción de que el arte puede ser un espejo del alma humana, una forma de reflexionar sobre cuestiones fundamentales de la vida y la espiritualidad.

Rothko también desempeñó un papel crucial en la promoción del arte contemporáneo como una institución cultural legítima. Sus exposiciones y su labor como docente contribuyeron a educar al público sobre la importancia del arte moderno y allanaron el camino para nuevas generaciones de artistas.

En conclusión, el capítulo sobre el legado e influencia de Mark Rothko destaca su impacto duradero en el arte contemporáneo, la forma en que su obra ha influido en otros artistas y su papel crucial en la historia del arte del siglo XX. Rothko sigue siendo una figura destacada del expresionismo abstracto y del arte abstracto en general, dejando un legado artístico que continúa inspirando e influyendo en generaciones de artistas y amantes del arte.

Conclusión

El viaje a través de la vida y la obra de Mark Rothko nos ha permitido sumergirnos en el fascinante universo de un artista cuya creatividad trascendió las fronteras del color, la forma y la emoción. Rothko fue un visionario que creía en el arte como medio para comunicar las emociones humanas más profundas, y su legado artístico perdura hasta hoy.

A lo largo de este viaje, hemos descubierto las raíces de su creatividad, moldeadas por una infancia marcada por desafíos, sus influencias artísticas tempranas y su evolución artística. Hemos explorado su filosofía artística, que colocaba la emoción en el centro de su trabajo y buscaba trascender el significado en la abstracción. La espiritualidad también fue un componente esencial de su arte, creando obras diseñadas para invitar a la contemplación y la meditación.

Nos sumergimos en su proceso creativo, que destacó su compromiso con el color, su meticulosa preparación y su profunda meditación frente al lienzo. Sus icónicas series, como "Las Multiformas" y "Las Capillas", fueron pasos cruciales en su exploración artística.

Finalmente, examinamos el legado y la influencia duradera de Mark Rothko. Su impacto en el arte contemporáneo es innegable, habiendo abierto nuevas perspectivas artísticas e influenciado a una multitud de artistas contemporáneos. Su papel en la historia del arte está profundamente arraigado, no solo como un artista revolucionario, sino también como un defensor del arte moderno.

En última instancia, Mark Rothko fue mucho más que un simple pintor abstracto. Fue un poeta del color, un filósofo de la emoción y un visionario del arte. Su trabajo continúa inspirando, desafiando y cautivando a aquellos que buscan explorar las profundidades de la experiencia humana a través de la contemplación del color y la forma. Como artista, Rothko nos invitó a sumergirnos en nuestra propia interioridad, reflexionar sobre la condición humana y sentir el poder emocional del arte. Su legado artístico sigue siendo una fuente inagotable de inspiración para las generaciones futuras, recordándonos el poder atemporal de la creatividad y la expresión artística.

Anexo: Cronología de la Vida de Mark Rothko y sus Obras Principales

1903: Nacimiento de Mark Rothko (Markus Yakovlevich Rothkowitz) el 25 de septiembre en Dvinsk, Rusia (hoy Daugavpils, Letonia).

1913: La familia Rothkowitz emigra a los Estados Unidos para escapar de la persecución antisemita en Rusia. Se establecen en Portland, Oregón.

1921: Mark Rothko se matricula en la Universidad de Yale, pero pronto abandona sus estudios para seguir su pasión artística.

1925: Se muda a Nueva York para continuar su carrera artística.

Década de 1930: Período figurativo en el que Rothko explora diversos estilos, incluyendo el surrealismo y el fauvismo.

Década de 1940: Transición hacia el expresionismo abstracto y creación de la serie "Las Multiformas", caracterizada por formas geométricas simplificadas y colores vivos.

Década de 1950: Desarrollo de su serie emblemática "Las Capillas", grandes lienzos diseñados para la meditación y la contemplación.

1960: Realización de un importante encargo para decorar la capilla de la Universidad de Houston, un proyecto que posteriormente se convertirá en la Capilla Rothko.

Década de 1960: Exploración de paletas cromáticas más oscuras y matizadas, utilizando negros y grises profundos en sus lienzos.

1970: Suicidio de Mark Rothko el 25 de febrero a la edad de 66 años.

Esta cronología destaca los momentos clave en la vida de Mark Rothko, desde su nacimiento en Rusia hasta su emigración a los Estados Unidos, pasando por su evolución artística marcada por la transición de la figuración a la abstracción.

Anexo: Obras Seleccionadas de Mark Rothko

En este anexo, exploramos de manera más detallada algunas de las obras emblemáticas de Mark Rothko, destacando su evolución estilística y su contribución a la historia del arte.

- "Slow Swirl at the Edge of the Sea" (1944): Esta obra marca un período de transición en la carrera de Rothko, donde gradualmente se aleja de la figuración hacia la abstracción. Aunque elementos figurativos perduran, como las olas del mar y las formas orgánicas, ya se puede percibir la característica simplificación geométrica de su trabajo posterior. Los colores cálidos y reconfortantes son un presagio de la importancia que Rothko dará al color en sus obras posteriores.
- "No. 61 (Rust and Blue)" (1953): Este lienzo pertenece a la serie "Las Multiformas" de Rothko, donde experimenta con formas geométricas simplificadas y colores vibrantes. La obra presenta un contraste dinámico entre el óxido cálido y el azul profundo, creando una tensión emocional palpable. La composición geométrica y la audaz yuxtaposición de colores

marcan un momento clave en la evolución del artista hacia el expresionismo abstracto.

- "No. 14 (White and Greens in Blue)" (1960): Perteneciente a la serie "Las Capillas," esta obra encarna la búsqueda meditativa de Rothko para crear espacios de contemplación. Las amplias áreas de color y el uso sutil de la gradación crean una atmósfera de serenidad. Los matices de blanco, verde y azul evocan profundidad espiritual y reflexión interior, invitando a los espectadores a perderse en el color y la forma.
- "Black on Maroon" (1958): Creada específicamente para la Capilla Rothko de la Universidad de Houston, esta obra marca un hito importante en la carrera de Rothko. Las paletas cromáticas se vuelven más oscuras y matizadas, mientras el artista explora el significado profundo del color negro. La obra fue diseñada para crear una experiencia inmersiva de meditación y contemplación en el espacio sagrado de la capilla.
- "Untitled (Black on Grey)" (1970): Una de las últimas obras de Rothko antes de su fallecimiento, este lienzo refleja la simplicidad de su período tardío. Los tonos de negro y gris se utilizan con una economía mínima, creando una composición depurada pero emocionalmente intensa. Esta obra testimonia

la profundidad artística de Rothko, quien, hasta el final de su vida, buscaba expresar las emociones humanas más profundas a través del color.

Estas obras seleccionadas ilustran la evolución de Mark Rothko como artista, desde sus primeras experimentaciones figurativas hasta su audaz expresionismo abstracto y, finalmente, hacia su período de contemplación meditativa. Cada una de ellas contribuye a su legado artístico al explorar el poder emocional del color y la forma en el arte contemporáneo.

Anexo: Citas Destacadas de Mark Rothko

En este anexo, presentamos algunas de las citas más destacadas de Mark Rothko, que ofrecen una visión de cómo el artista percibía su obra y su filosofía artística.

- "Comienzo sin nada en mente, sin un plan, sin intenciones, sin una imagen preconcebida; solo con pura receptividad."
- "Las personas que buscan significado en mi obra nunca entenderán completamente. Eso es precisamente lo que quiero expresar: lo inaprensible, lo fugaz, lo sin forma, la cualidad apenas perceptible de nuestra existencia."
- "Pinto grandes superficies para expresar grandes emociones."
- "No soy un abstraccionista. No soy no-objetivo. Soy un artista abstracto."
- "El silencio es tan precioso que las cosas más cercanas al alma del hombre solo comienzan a una profundidad de silencio."
- "Solo me interesa expresar la tragedia, la éxtasis, la tragedia del hombre que se siente solo y se cuestiona el significado de su vida."

- "Si solo estás interesado en lo que está en la superficie, el cuadro es una burla para ti."
- "El arte es una experiencia, no una explicación."

Estas citas reflejan la profundidad de la filosofía artística de Mark Rothko, enfocándose en la expresión emocional, lo inaprensible y el silencio, así como en su deseo de crear una experiencia profunda y meditativa a través del color y la forma. Rothko creía que sus lienzos eran portales hacia la interioridad humana, invitando a los espectadores a explorar el alma y la emoción.

www.ingramcontent.com/pod-product-compliance
Lightning Source LLC
Chambersburg PA
CBHW072227290526
45794CB00007B/2928